W0180453

Der
Mops
Dating
Guide

GEMMA CORRELL

KNESEBECK

Titel der Originalausgabe: *A Pug's Guide to Dating*
Erschienen bei Dog 'n' Bone Books, einem Imprint von
Ryland Peters & Small, 2013
Text und Illustration © Gemma Correll 2013
Deutsche Erstausgabe
Copyright © 2014 von dem Knesebeck GmbH & Co.
Verlag KG, München
Ein Unternehmen der La Martinière Groupe
Übersetzung: Christine Schnappinger, München
Umschlaggestaltung: Leonore Höfer, München
Satz, Lektorat und Herstellung: VerlagsService
Dr. Helmut Neuberger &
Karl Schaumann GmbH, Heimstetten
Printed in China

ISBN 978-3-86873-693-9

www.knesebeck-verlag.de

INHALT

EINFÜHRUNG

Mit faltenreichem Antlitz und wohlriechendem Hinterteil ist der Mops eine der poetischsten Kreationen der Natur. Ein 20 Pfund schwerer, prustender, pupsender Schürzenjäger mit geradezu charismatischer Anziehungskraft — kaum ein Lebewesen, sei es hündischer Herkunft oder anderer, kann dem Charme eines Mopses widerstehen. Gleichwohl stellt sogar für diese von Natur aus liebenswerten und attraktiven Geschöpfe das Feld der Liebe ein entmutigend unübersichtliches Fettnäpfchenarsenal dar — ein Minenfeld potenzieller Fehler und Missverständnisse. Ein Mops, der (wie die meisten Vertreter dieser edlen Spezies) die Regeln der Eikette befolgt, wird die Vorzüge des behutsamen und aufmerksamen Hofmachens zu schätzen wissen und sich bemühen, die Konventionen, die die Kunst des kringelschwänzigen Werbens regeln, zu beachten.

Für den unbeteiligten Beobachter mag es so aussehen, als fiele es dem Mops leicht, Bewunderer zu finden – es scheint, als flögen ihm die Herzen nur so zu. Und dank seines natürlichen Charmes, seines umwerfend guten Aussehens und seines nahezu unerschöpflichen Repertoires an Schnarchgeräuschen läuft es meist auch tatsächlich so. Jedes halbwegs intelligente Wesen ist sofort hin und weg, wenn es einen Mops kennengelernt hat. Doch auch der selbstbewussteste Mops wird ab und zu etwas Hilfe benötigen, um sich im Flirt-Dschungel der modernen Welt zurechtzufinden. Er sollte sich originelle Outfits zulegen, um bei Speed-dating-Veranstaltungen bleibenden Eindruck zu hinterlassen, und Souveränität darin entwickeln, romantische Locations für Rendezvous auszuwählen. Er sollte sich mit den Regeln der Flirt-Kultur auseinandersetzen, sich mit den Grundprinzipien von Poesie, Gesangskunst und Tanz vertraut machen und die elementaren Techniken des Küssens und Schmusens meisterhaft beherrschen.

Sobald ein Mops glücklich eine feste Partnerin gefunden hat, sollte er danach trachten, die Flammen der Liebe dauerhaft zu schüren, um sicherzustellen, dass die wonnevollen Tage schwärmerischer Verliebtheit nie in Vergessenheit geraten. Besondere Anlässe wie Jahrestage oder abgesagte Tierarztbesuche bieten allzeit Gelegenheit, die Partnerin mit liebevollen Geschenken und romantischen Spa-Behandlungen zu verwöhnen.

NIMM DIR ZEIT, UM AN ROSEN ZU SCHNUPPERN.
WENN NÖTIG, SOLLTEST DU AUCH DRAUFPINKELN.

Traurigerweise können das leidenschaftliche Temperament des Mopses und seine Neigung zu bedingungsloser Hingabe ihm bei Liebeskummer zum Verhängnis werden. Als zartfühlendes Wesen, das er nun mal ist, kann ihm der Herzschmerz, der Trennungen oftmals begleitet, schwer zu schaffen machen. Man sollte die Gefühlswelt des Mopses nicht mit pathologischen Begriffen wie »neurotisch« oder »obsessiv« klassifizieren, aber er scheint Trennungen jeglicher Art – sei es von seinem Menschen, seiner Liebsten, oder auch nur von einem geliebten Spielzeug – nur schlecht ertragen zu können. Darum ist es ratsam für Möpse, beizeiten einen positiven, gesunden Umgang mit Zurückweisung und Distanz zu erlernen.

Die Liebe eines Mopses ist zuverlässig und beständig. Er ist ein hingebungsvoller Partner, ein selbstloser und fürsorglicher Liebhaber mit einem Gesicht voll Falten und einem Herz aus Gold. Und wie eine alte Redensart besagt ...

»Einen Mops zu kennen, bedeutet ihn zu lieben.«

ERSTES BESCHNÜFFELN

Der erste Eindruck zählt. Sei stets darauf
bedacht, jederzeit ein betörend duftendes
Hinterteil präsentieren zu können. Du kannst
nie wissen, wer dir zufällig über den Weg läuft!

ANBANDELSPRÜCHE

Bist du öfters in der Gegend?

Du musst groggy sein, gemessen daran, wie stürmisch du mein Herz erobert hast.

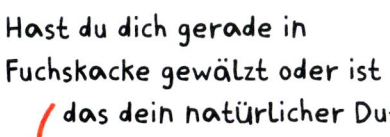

Hast du dich gerade in Fuchskacke gewälzt oder ist das dein natürlicher Duft?

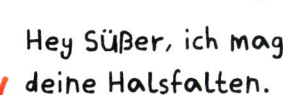

Hey Süßer, ich mag deine Halsfalten.

SPEEDDATING

Die Teilnahme an Speeddating-Veranstaltungen ist eine hervorragende und vergnügliche Möglichkeit, um mit anderen einsamen Herzen in Kontakt zu kommen.

ZUFALLSBEKANNTSCHAFTEN

Vielleicht ist eine Romanze nicht das Erste, woran du bei einem Tierarztbesuch denkst (ein verzweifelter Drang, auf den Untersuchungstisch zu pinkeln, mag wahrscheinlicher sein), doch Amors Pfeil wählt ungewöhnliche Wege.

YEPP.

ICH WAR EIGENTLICH GERADE AUF DEM WEG ZUR JÄHRLICHEN ANALDRÜSEN-UNTERSUCHUNG, ALS ICH DIESES GÖTTLICHE WESEN SCHWANKEND ÜBER DAS LINOLEUM HUMPELN SAH. ES WAR LIEBE AUF DEN ERSTEN SCHNUFF, STIMMT'S, ROCKY?

Liebesbarometer

Ein Mops bekundet Zuneigung recht offenkundig, daher kann es schwierig sein, natürliche Herzlichkeit von wahrhaft amourösen Gefühlen zu unterscheiden. Achte auf folgende Zeichen, die euch zeigen, dass ihr mehr als »nur Freundschaft« voneinander wollt.

Ihr spiegelt eure Körpersprache ...

MEIN DURCHSCHNITT LIEGT BEI 250 SCHLABBERERN PRO MINUTE.

Ihr neigt in Anwesenheit des anderen zur Angeberei ...

Ihr versucht Halskrausen-Tricks oder ähnliches ...

Ihr bringt euch Geschenke ...

Sich offenbaren

Wähle Zeit und Ort wohl. Warte auf den richtigen Moment in der geeigneten Umgebung, wenn sie sich rundrum behaglich fühlt — wie beispielsweise nach der Abendtoilette im Nachbarsgarten.

Nicht locker lassen

Zweifle nie an dir! Halte dir stets vor Augen, dass du zwar klein, aber von geradezu perfekter Statur bist!

Deine potenzielle Partnerin wird deine Liebe mit größter Wahrscheinlichkeit erwidern. Wer könnte einem solchen Antlitz widerstehen?

KÖRBE KASSIEREN

Lass dich nicht verdrießen, wenn sie »Nein« sagt – SIE ist es, die was verpasst!

seufz

Dennoch solltest du Zurückweisungen so dramatisierend durchleiden als möglich, um das Größtmaß an mitfühlenden Bauchkraulern und Extra-Streicheleinheiten von deinem Menschen zu erwirken. Seufze kontinuierlich vor dich hin, verkrümle dich demonstrativ hinter Sofakissen und blase generell pathetisch dreinblickend Trübsal. Menschen sind naiv. Sie werden drauf reinfallen.

KONTAKTANZEIGEN

Humorvoller HAMSTER sucht sportliche Freizeitbegleitung für
Ausflüge im Rad und gemeinsames Möhrenknabbern. Chiffre 235677

Ingwerblonde Kurzhaarhäsin sucht charmanten alten
Hasen in Sachen Salatverkostung. Chiffre 445677

Katze (w)mit soziopathischer Veranlagung sucht Kater zum
gemeinsamen Stühle zerkratzen und Schwanz jagen. Bitte nur
kastrierte Bewerber mit eigenem Flohhalsband.

Beiger kastrierter MOPS (3)
mit zweifach gekringeltem Schwanz
sucht aufgeschlossene Sie für
Ohrenschlabbern und vielleicht mehr.
Sie sollte gerne Frühstücksspeck fressen,
unbelebte Objekte anbellen
und Sofa kuscheln. Schreib an:
humorvoller_Nichtschwimmer@MOPS.de

EXOTISCHER Papagei sucht amourös kompatibles Gegenüber.
Sollte flatterhaftes Geplapper genießen können und
eigenen Käfig besitzen. NR, m, SM, Chiffre 344277

WINDHUND, w, 21 (in Hundejahren) sucht die große Liebe.
Alle Rassen denkbar. Athletische Figur, erhöhte Reizbarkeit.
Mr. Right sollte gerne rennen und Katzen jagen.

Wenn du Probleme hast, auf konventionellem
Wege eine passende Partnerin zu finden,
könntest du es mit Internet-Dating versuchen
oder eine private Zeitungsanzeige schalten.

KAPITEL 2
FLIRT-TIPPS

DEN TRAUMPARTNER FINDEN

In Sachen Liebe spielen Größe, Fellfarbe und Rasse nicht die geringste Rolle ...

... selbst wenn das Objekt deiner Begierde diese Einstellung nicht immer teilen sollte.

DAS ERSTE DATE

Hurra! Deine Auserwählte hat einem Rendezvous zugestimmt. Aber wo sich verabreden? Hier ein paar Anregungen:

DAS IST EINE DACKEL-PINKELSTELLE.

Ein romantischer Spaziergang bietet Gelegenheit, die Dame deines Herzens mit deiner umfassenden Bildung zu beeindrucken ...

ICH LIEBE GEBÄCK!

Der Besuch eines netten Cafés bringt euch einander in stilvollem Ambiente näher. Leckere Krümel unter den Tischen laden außerdem zu einer kleinen Vesper ein.

Falls ihr beide kulturell interessiert seid, wäre vielleicht der Besuch einer trendigen Street Art-Galery das Richtige für euch.

Einige Leute raten, grundsätzlich nicht beim ersten Date miteinander ins Bett zu gehen. Wir aber raten, tut, was euch glücklich macht!

Verführungskünste

Sicher möchtest du bei deinem ersten Date möglichst verführerisch aussehen – und duften.

PI PI
pour carlin

Der exklusive Duft
für Möpse

Tote
PARFUM
Ratte

Mit einer sinnlichen
Dachsnote

EAU
– de –
FUXPUP

Erdig herb

AQUA DELLA
TOILETTA
NO. 1

Der Klassiker

DAS RICHTIGE OUTFIT

Geschirr und Leine sind perfekte Accessoires für's erste Date, aber wenn du noch stärkeren Eindruck hinterlassen willst, bitte deinen Menschen, ein passendes Outfit für dich auszuwählen.

Die Kleidung sollte subtil elegant und gleichzeitig unverkennbar sexy sein – wie beispielsweise ein Hummer-Kostüm oder ein Riesenbanane-Anzug.

ROMANTISCHE ERINNERUNGSSTÜCKE

Wenn du deine Liebste zu Hause besuchst, hinterlasse ihr Souvenirs, die sie nachhaltig an dich erinnern. Vielleicht ein großzügiges Haar-Gespränkel auf dem Sofa ...

... eine Auswahl dekorativer Pfotenabdrücke auf einem frisch gewischten Fußboden ...

Was tut man nicht alles für die Liebe.

... oder schlicht und einfach deine betörend stechende, natürliche Duftmarke.

EINFALLSREICHTUM

Ein kreativer Mops kann auch mit sparsamen
Mitteln große Wirkung erzielen.

KAPITEL 3

ROMANTIK

POESIE

Was könnte romantischer sein als ein Gedicht?
Allenfalls vielleicht eine Schachtel herzförmiger
Leckerlis mit Dachsaroma (Marktlücke!!!).

> Mit sabbernder Schnauze beglücke mich. /
> Erquickender als Gassigehen ist deine Liebe. /
> Köstlich ist achtern der Duft deiner Pupse, /
> faltenreich knautscht sich dein Fell; /
> dich verehren zu Recht alle Möpse.

ROSEN SIND ROT,
MEINE ZUNGE AUCH,
WENN ICH DEIN
OHR SCHLABBER,
SCHLABBERST DU
MIR DEN BAUCH?

MEINE LIEBE ZU DIR IST WIE MEIN
ERSTES PIPI AM MORGEN;
ES NIMMT UND NIMMT EINFACH KEIN ENDE.

MEINE LIEBE ZU DIR IST WIE EIN NIESER;
STÜRMISCH, NASS, UND MITTEN IN'S GESICHT.

MEINE LIEBE ZU DIR IST WIE
EIN QUIETSCHE-SPIELZEUG;
ES MACHT MICH GANZ VERRÜCKT.

MEINE LIEBE ZU DIR IST WIE
EIN NAPF VOLL LECKERLIS;
DELIKAT UND ... MMMMMM ...
MOMENT, WO WAREN WIR
NOCH GLEICH?

TANZKÜNSTE

Tanzen ist eine äußerst sinnliche und leidenschaftliche Ausdrucksform. Hier findest du eine kleine Auswahl von Tanzschritten, die du einmal ausprobieren könntest.

TANZ DER FLIEGENDEN KISSEN

LE GRAND JETÉ (LUFTSPRUNG DER HUNGRIGEN MÖPSE)

POSCHI-WACKLER

KACKA-SIDEKICK-KAPRIOLE

TEPPICH-RUTSCH-BOOGIE

PUPS'N'TWIST

FANG-DEN-SCHWANZ-SIRTAKI

HAPP-HAPPI-
STEPPTANZ

KÜSSEN

Es ist kein Geheimnis, dass wir Möpse das Küssen lieben. Der beliebteste Knutsch-Stil ist natürlich der altbewährte, kräftige und ausdauernde »Mops-Schlabberer«, mit dem wir unsere Zuneigung anderen Kreaturen gegenüber bekunden– egal ob es sich um Menschen, Tiere (ähnlicher oder artfremder Natur) oder unbelebte Objekte handelt.

Die folgenden Knutsch-Formen sind in der Mopsheit auch sehr beliebt ...

ESKIMOKUSS

FRANZÖSISCHER KUSS

OHRENKNABBERN

HÄLSELN

DREI-ZIRKEL-KUSS

STERNEGUCKEN

Der nächtliche Himmel ist das
Fenster zum Universum. Verbringe
einen romantischen Abend unter
funkelndem Sternenhimmel mit
deiner Angebeteten. Haltet
Ausschau nach berühmten
Sternbildern wie dem CANIS MINOR
(Kleiner Hund) und der CATTUS
STUPIDUS (Dumme Katze).

Liebeslieder

Möpse sind berühmt für ihre schönen Gesangs-
stimmen. Nutze dein naturgegebenes Talent,
indem du eine gefühlvolle, sentimentale Kompo-
sition zum Besten gibst, die selbstverständlich die
zahlreichen Qualitäten deiner Angebeteten
a cappella zum Ausdruck bringt.

KAPITEL 4

BESONDERE ANLÄSSE

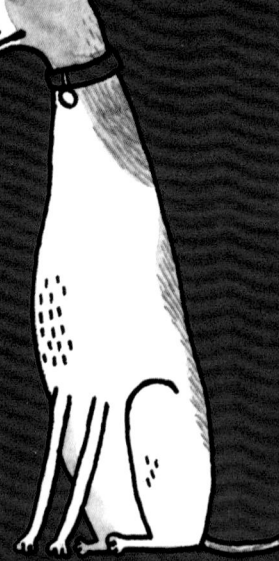

VALENTINSTAG

Traditionellerweise tauschen Verliebte am Valentinstag Geschenke aus.

Hier sind ein paar großartige Geschenkideen:

HUNDEPRALINEN-
PRÄSENTSCHACHTEL

SEXY WÄSCHE (GETRAGEN)*

EIN BUNTER STRAUSS
BENUTZTER TASCHENTÜCHER*

TEDDYBÄR*

* für Kau-Zwecke

Ein romantisches Wochenende

Lasst euch ein paar Tage gemeinsam verwöhnen. Wie wäre es mit ein paar trendigen Spa-Behandlungen für dich und deine Partnerin unter Zuhilfenahme professioneller Dienste deines menschlichen Assistenten?

AYURVEDISCHE BAUCHMASSAGE

FEUCHTE GESCHIRRTUCH-
KÖRPERWICKEL (SUMMER SPECIAL)

ENTGIFTENDE GANZKÖRPER-BÜRSTENMASSAGE

TROCKEN- UND NASSFUTTER-GESICHTSKUR

(eventuell kombiniert mit einem »Schieb-den-Napf-über-den-ganzen-Flur-Workout«)

Wir empfehlen, auf jegliche Form von Pediküre zu verzichten.

EIN ROMANTISCHES DINNER

Zelebriert besondere Anlässe wie Jahrestage oder kurzfristig abgesagte Tierarztbesuche mit einem romantischen Abendessen in einem schicken Restaurant.

Nutzt den Küchenboden oder den Hinterhof für ein reizvolles Tête-à-Tête in stimmungsvoller Atmosphäre oder an der frischen Luft.

Menü-Empfehlung

APPETITANREGER

Katzenkack-Medallions auf einem Bett von knusprigem Weidelgras

Auswahl amüsanter Knabbereien

VORSPEISE

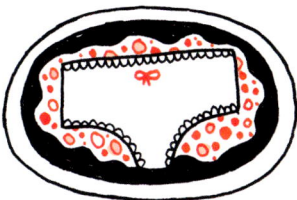

Gebratene Papiertaschentücher in biologischer Erdnussbutter

Baumwollunterwäsche auf Kiefernzapfenpüree

GETRÄNKE

»Yellow Snow«-margarita.

DESSERTS

Hamsterköttel in delikatem Kotz-Kompott

Tipp des Tages: »Pfützenwasser-Martini«

Gourmet-Kaffee »alt und kalt«

Toilettenwasser-Sorbet, serviert in halbvergammelter Tennisballhälfte

JAHRESTAGE

Es ist Brauch unter Möpsen und anderen Hunden, an Jahrestagen Geschenke auszutauschen, die die Anzahl der gemeinsam verbrachten Zeit (in Hundejahren) symbolisieren.

1 JAHR

TRUTHAHN & REIS

7 JAHRE

LECKERLIS

14 JAHRE

HUNDEKUCHEN

21 JAHRE

ERDNUSSBUTTER

28 JAHRE

KNOCHEN

35 JAHRE

SPECK

Ebenso obligatorisch im Rahmen der Jahrestags-feiern ist die altehrwürdige Mops-Tradition »DAS LECKEN DES BODENS«.

Dieses Ritual sollte immer mit Ausdauer und Hingabe durchgeführt werden. Die Dauer der Bodenleck-Zeremonie liegt irgendwo zwischen einigen Minuten bis hin zu mehreren Stunden. Sie kann auf jeder Art von Untergrund durch-geführt werden, sei es Teppichboden, Linoleum oder Beton.

Gleichermaßen beliebt ist die »Zu-Tisch-Observanz«, bei der das glückliche Mopspaar dreimal täglich eine Mahnwache unter dem gelobten »Tisch der Menschen« abhält – in demütiger Erwartung herabfallender gesegneter Leckerbissen.

Dieses Ritual hat eine tiefe spirituelle Bedeutung: Der Tisch symbolisiert das Leben, die Menschen repräsentieren das Schicksal, und die Krümel verweisen auf die nie versiegende universelle Liebe.

Das Kämpfen um Krümel gilt unter Mopsgläubigen als Unheil bringend.

KOSENAMEN

Sobald ein Paar den ersten Jahrestag miteinander zelebriert hat, wird es zweifelsohne eine Reihe von Kosenamen füreinander entwickelt haben. Spitznamen sind Ausdruck der Intimität eines in Zärtlichkeit verbundenen Liebespaares, oft inspiriert von einem charakteristischen physiognomischen Persönlichkeitsmerkmal.

RARUNZEL

SIR STINKELOT

MADAME PIPI

CAPTAIN GLUPSCH

ZWINKIWINKI

GRUMPFOMAT

GLOTZIKOTZI

DON QUIPFOTE

PUPSORELLA

KAPITEL 5

PARTNERSCHAFT

LIEBE BEDEUTET ...

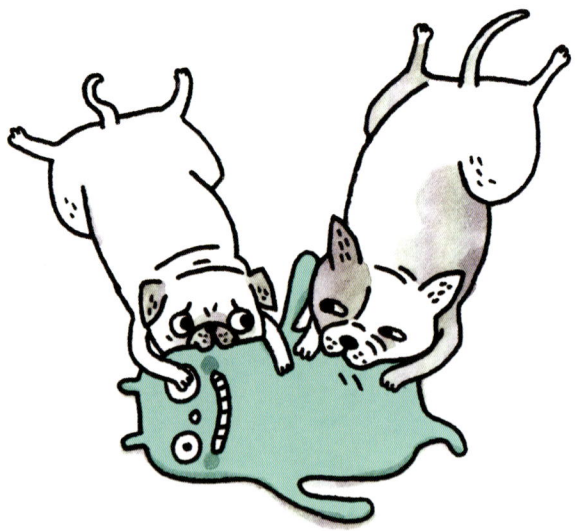

Beharrlichkeit und Verständnis ...

Liebe bedeutet ...

alles für ...

zwei Individuen ...

die bereit sind, sich auf Kompromisse einzulassen ...

LIEBE BEDEUTET ...
sich wohl und behaglich zu fühlen beieinander ...

... und sich samt allen Macken zu akzeptieren.

Liebe stellt keine Bedingungen.

BEZIEHUNGSPFLEGE

Ein Paar, das ...

GEMEINSAM
KINNSTÜTZE
MACHT ...

GEMEINSAM
SONNENBADET ...

SICH GEMEINSAM IM
KOPFWACKELN
ÜBT ...

... bleibt ein Paar.

LIEBESBEWEISE

Achte darauf, deiner Liebsten ausreichend oft
zu zeigen, wie viel sie dir bedeutet.

Sag täglich »Ich liebe dich« auf deine eigene
spezielle Weise. (Ein ausgiebiger nasser
Schlabberer wird jederzeit auch gut
ankommen.)

JE T'AIME
(FRANZÖSISCH)

IK HOU VAN JOU
(NIEDERLÄNDISCH)

TI AMO
(ITALIENISCH)

JAG ÄLSKAR DIG
(SCHWEDISCH)

SCHNAUB
SCHNAUB
(MOPSISCH)

DEM BEZIEHUNGSALLTAG EIN SCHNIPPCHEN SCHLAGEN

Eine junge Liebe ist immer aufregend und neu, aber womöglich werdet ihr nach einiger Zeit anfangen, eure Partnerschaft für selbstverständlich zu halten. Vermeide dies, indem du Abwechslung in den Beziehungsalltag bringst.

Sorge mit unterhaltsamen Kunststücken im Bett für Überraschungen, wie beispielsweise ...

dem KISSEN-SCHLABBERER ...

oder dem MATRATZENPUPS.

Dein Mensch wird derartiges Amüsement auch zu schätzen wissen.

AFFÄREN

Prinzipiell sind Möpse treu veranlagt, aber ein junger, naiver Mops wird sich möglicherweise dazu verleiten lassen, Zärtlichkeiten auch außerhalb seiner gefestigten Partnerschaft auszutauschen.

Dies ist kein Weltuntergang, es sei denn, es reizt dich, den Hamster zu liebkosen ...

... dann könnte es übel enden (insbesondere für ihn).

KAPITEL 6
TRENNUNGEN

NÖRGELEIEN

Innerhalb einer langjährigen Beziehung wirst du möglicherweise feststellen, dass das ein oder andere an deinem Partner anfängt, dich zu nerven.

WARUM MUSS SIE IMMER SO AUSFLIPPEN, DIESE DRAMAQUEEN?

Es gibt in jeder Partnerschaft Höhen und Tiefen.

Wenn ein Ende absehbar ist ...

Es ist traurig, aber manchmal ist eine Trennung unvermeidbar, auch wenn sich Abschiede auf das Gefühlsleben der sensiblen Möpse verheerend auswirken.

Symptome eines gebrochenen Herzens

Womöglich wirst du Appetitlosigkeit an dir beobachten.

Ja, GENAU!

Dein Schlafrhythmus könnte unregelmäßiger werden.

Es könnten sogar psychosomatische Beschwerden auftreten, wie beispielsweise Magenverstimmungen.

pups

KUMMER VERARBEITEN

Eine Trennung ist hart, aber du kannst darüber hinwegkommen. Du bist ein Mops! Meister des Universums! König der gekringelten Schwänze! Du kannst deine eigene Nase lecken, mopsseidank.

Bleib in Bewegung!
(Denk an deine dreimalige Mops-Sause täglich!)

Vernachlässige deine Körperpflege nicht.

Nimm dir Zeit zur Reflexion.

STRESS ABBAUEN

Reagiere dich mit Stress abbauenden Übungen ab, wie beispielsweise »den-Fernseher-An-bellen« (besonders wirkungsvoll während der Sendezeit der Lieblingsserien deines Menschen).

ALTE FREUNDSCHAFTEN PFLEGEN

Verbringe wieder mehr Zeit mit guten alten
Freunden, um dich vom Liebeskummer abzulenken.

JE NE REGRETTE RIEN

Selbst wenn eine Liebesgeschichte unglücklich endet (du warst ein Mops, sie ein Labradoodle ... von daher war es absehbar), solltest du nicht in Traurigkeit und Bedauern verharren.

Lass die Vergangenheit hinter dir, wie einen besonders stinkigen Pups, und geh weiter.

Die Zukunft wartet! Und sie duftet nach gebratenem Speck!

OPTIMISTISCH BLEIBEN

Denk immer daran, dass es noch mehr Hunde im Park gibt, und einer da draußen wartet genau auf dich.

EIN WORT ZUM GELEIT

Wie ein weiser Mops einmal sagte:

All you need is love,
Leckerlis,
und eine Entwurmungstablette
alle drei bis sechs Monate.

DANK

Ich danke Dir, Anthony,
meinem Lebens-, Studio-
und Insiderwitz-Gefährten (Baka-ahh).
Danke an das Team vom Little Red Roaster,
an Lucy (ich bin allerdings immer noch sauer
auf dich!) und an meine Freunde und meine
Familie, die meine wunderliche Mops-Obsession
teils dulden, teils aktiv unterstützen. Danke
an alle Leute von Dog 'n' Bone und Cico,
ganz besonders Pete Jorgensen und, selbstverständlich, ein riesengroßes Bauch-
kraul-Dankeschön an meine beiden Musen
Mr. Pickles und Bella für ihre amüsante
Gesellschaft und Inspiration.